Ik. 1430.

DISCOURS CIVIQUE,

Prononcé sur la Place publique de Brissî, Département de l'Aisne, le 14 Juillet 1790, seconde année de la Liberté,

PAR M. GODARD, CURÉ ET PROCUREUR DE LA COMMUNE.

A SAINT-QUENTIN,

De l'Imprimerie théorique-pratique des Enfants-Orphelins, Éleves d'un Homme libre;

Et se trouve à PARIS,
Chez VOLLAND, Libraire-Imprimeur, quai des Augustins, N° 25.

1790.

DISCOURS
CIVIQUE.

ENFANTS des FRANÇAIS, faites silence et soyez attentifs à la voix de la Patrie.

Vos peres et vous, gémissiez depuis des siecles, dans un honteux esclavage et sous la tyrannie d'une oppression inhumaine. Vos biens, vos enfants, vos personnes, vos vies même devenoient la proie du premier occupant; et, loin d'être protégés par la Loi contre les usurpations; ceux qui devoient la faire exécuter, se servoient de son nom, comme d'un instrument, pour assouvir à vos dépens leur ambition et leur avarice. L'impôt désastreux de la gabelle, après avoir augmenté de dix fois le prix d'une denrée nécessaire, arrachoit encore le pere de famille des bras de sa compagne et de ses enfants; et, si sa mort n'expioit pas la contrebande qu'il s'étoit permise, il s'estimoit heureux de passer, à la chaîne, les restes d'une déplorable vie; tandis que ceux qu'il auroit nourri de son travail, alloient mendier un pain qu'ils arrosoient de leurs larmes. Les autres impositions, inégalement réparties, pesoient sur la classe la plus indigente et la plus utile; et quel étoit leur emploi? Ces deniers que vous tiriez de votre champ par un labeur opiniâtre, alloient en grande partie alimenter le luxe insultant et les passions scandaleuses de gens qui vous fouloient aux pieds. On ne se contentoit pas de vous épuiser de mille manieres. Vous étiez encore exclus des emplois et des dignités de l'État; parceque vous n'aviez point d'armoiries à présenter. C'étoit peu, pour vous estimer et vous récompenser, des durillons qu'avoit laissés dans vos mains le manche de la charrue, ou des cicatrices honorables qu'offroient vos corps exposés pour la défense de la Patrie. On vous disputoit, pour ainsi dire, jusqu'à l'air que vous respiriez;

et on paroissoit douter que vous fussiez des hommes.

En vain le peuple avoit-il essayé, dans des temps plus reculés, de secouer ce joug et de se redresser ; en vain de grandes assemblées avoient été tenues pour entendre ses plaintes, soulager sa misere et lui rendre justice. Les anciens États-généraux, vaine cérémonie où les juges étoient eux-mêmes parties, ne produisirent presque rien à l'avantage du plus grand nombre, et l'allegement du peuple paroissoit désespéré. Le Ciel dans sa clémence faisoit-il aux Français le présent d'un bon Roi ? Mille despotes subalternes souilloient son administration paternelle, d'injustices et d'exactions criantes. En un mot, on ne voyoit aucun remede à d'aussi grands maux.

Enfin, le quatorzieme de Juillet de l'année passée, nos freres de Paris, à la vue des dangers dont ils étoient environnés de toutes parts, se sont sentis tout-à-coup animés d'un courage plus qu'héroïque. Trois heures leur suffisent pour forcer une citadelle jusqu'alors imprénable; rien ne résiste à leur impétuosité, fossés, ponts, murailles, artillerie, tout a cédé; la Bastille est prise......et la Liberté recouvrée. Cet infâme cachot receloit, dans ses flancs, de malheureuses victimes ignorées du reste de la terre, et sacrifiées à la vengeance d'un lâche ministre ou d'une femme perdue. Citoyens, vous auriez peine à croire les raffinements que la cruauté la plus atroce y mettoit en usage, et vos larmes couleroient à chaque mot de mon récit. Enfin ce monument digne des peuples les plus barbares, est tombé. Il n'est plus, ce tombeau d'êtres vivants, ce taureau de Phalaris! sa chûte a retenti jusqu'aux extrémités de la France; que dis-je? du monde entier. Au bruit qu'il a fait en s'écroulant, tous les Français se sont réveillés du profond sommeil où les retenoit le despotisme, ils se sont trouvés sur leurs pieds, et tous se sont écriés au même instant: Nous sommes libres.

Nous voilà ramenés aujourd'hui, Messieurs, à cette époque à jamais mémorable. Pourrions-nous laisser s'écouler, dans une froide et coupable indifférence, le plus beau des anniversaires ? Non, Français; que la joie la plus vive, l'union la plus intime, l'expression la plus marquée de notre dévoûment à la République; et, par dessus tout, les témoignages les plus sinceres de notre reconnoissance envers l'Être-suprême, consacrent dans tous les siecles, la mémoire de la prise de la Bastille et des précieuses découvertes qui l'ont suivie.

Depuis un an, Messieurs, de grands secrets ont été révélés. On pensoit autrefois que le genre-humain étoit naturellement partagé en plusieurs classes, dont la plus nombreuse naissoit esclave du petit nombre, et en dépendoit autant que le cheval et le mulet de celui qui les achete; et, voilà que, tout-à-coup, on a découvert que, depuis le plus indigent jusqu'au millionnaire, depuis le monarque jusqu'au dernier des citoyens, *tous les hommes naissent libres et égaux en droits.* On croyoit, que la Loi, dans ses châtiments et dans ses récompenses, devoit avoir un double poids et une double mesure, selon les richesses et la qualité des personnes; et, voilà qu'on a découvert qu'il n'existe réellement aucune différence entre les citoyens, aux yeux de la Loi, *soit qu'elle protege, soit qu'elle punisse*. On croyoit que les Peuples étoient faits pour les Rois; et enfin, on s'est apperçu que les Rois au contraire étoient faits pour les Peuples. On a vu que le sang des Nations n'avoit pas été destiné par la nature à servir de jouet à l'ambition des Conquérants; ni, leurs sueurs à étancher cette soif de l'or, à contenter ces caprices honteux qui caractérisoient les Cours des soi-disant Souverains.

Et par quelle route est-on parvenu à ces vérités ? Au milieu de la corruption, Dieu permet qu'il se rencontre un être pur, bienfaisant et juste, qui, quoique bercé sans cesse par les plus vils adulateurs a sçu se dégager des lisieres dont on le tenoit enveloppé. LOUIS XVI, le plus honnête-homme de son Royaume, semblable à cet Ancien qui se montroit en plein jour la lanterne à la main, mais plus heureux que lui, Louis trouve enfin des Hommes. Ils achevent de détacher le bandeau dont on s'obstinoit à lui couvrir les yeux

yeux et qu'il secouoit dequis long-tems. Il a vu la lumiere..... et sa grande ame libre de ces préjugés gothiques d'Ordres, de Privileges de Noblesse, de Chevalerie, de Féodalité, n'apperçoit plus d'autre distinction parmi ses inférieurs, que celle qu'y mettent les talents et les vertus.

Animés par ses exemples et secondés de son autorité, vos augustes Représentants volent de conquête en conquête avec la rapidité de l'éclair ; leur bras exterminateur ne se reposera qu'après la destruction du dernier des abus. Du milieu des ruines dont ils se sont entourés, on voit s'élever majestueusement l'édifice régulier qu'ils ont posé sur des fondements inébranlables ; je veux dire la Constitution, que soutient la déclaration des droits. Le faîte en sera couronné par une collection de Lois simples et bienfaisantes, qu'ils vont substituer à ce code barbaresque, incohérent et souvent tyrannique, dont les dispositions ont toujours fait gémir les amis de l'humanité et de la saine raison. Tout est calculé, tout est prévu, tout est à sa place.

On ne verra plus un pouvoir entreprendre sur un autre pouvoir; on ne verra plus le Magistrat s'arroger les fonctions du Législateur, l'audacieux Agent du Pouvoir exécutif se rendre maître absolu des Lois et des Jugemens; l'un et l'autre se jouer, à leur gré, de la fortune et de la vie du Citoyen. Les ennemis du bien commun crient à l'anarchie: j'apperçois, il est vrai, un moment de crise; mais l'anarchie! je ne la vois que dans cette confusion de pouvoirs, qui faisoit de l'ancien régime un vrai cahos, au grand détriment de la société. Les vallées se comblent, les montagnes s'applanissent, les chemins tortueux se redressent, et ceux qui présentoient des aspérités deviennent unis.

Voilà, Messieurs, l'ouvrage d'un an. Les dangers, les traverses, les interruptions fréquentes, le mécontentement des intéressés à cette administration vicieuse des siecles derniers, leurs menées sourdes et perfides, rien n'a pu glacer le courage et retarder la marche de l'Assemblée Nationale; et, ce qu'on n'auroit pas cru devoir attendre d'un siecle entier de travaux et de combats, peu de mois lui ont suffi pour en venir à bout.

Et remarquez que ce n'est pas de la seule France que vos Représentans sont devenus les bienfaiteurs. Déja les Nations voisines soupirent après le moment qui brisera leurs fers, et l'explosion de la Liberté n'est peut-être pas éloignée chez eux. Ils admirent notre Constitution naissante, ils demandent à fraterniser avec nous; ils voudroient être Français. N'avons-nous donc pas lieu d'espérer que le beau rêve d'une paix de tous les temps et de tous les lieux, va se changer en réalité; que la guerre cessera d'être un métier; qu'enfin, depuis ces contrées que le soleil favorise de ses premiers rayons jusqu'aux rives du couchant, la terre n'offrira plus aux yeux de ses habitants qu'une Maison, et le genre-humain, qu'une grande Famille de freres!

A la vue d'une révolution aussi étrange, aussi subite, aussi complette, je ne sais quelquefois, je vous l'avoue, Messieurs, si je veille ou si je sommeille; je suis tenté de m'écrier au miracle.

Habitants de ces campagnes, laborieux Cultivateurs, ces travaux qui remplissent votre vie toute entiere, ces travaux que leur objet et vos vertus ennoblissent, ne vous ont guères permis de vous livrer à l'étude et à la lecture; on seroit souverainement injuste de vous reprocher votre peu d'acquit à cet égard. Mais à présent, plus que jamais, il vous est permis d'ignorer l'histoire. Que gagneriez-vous en effet à feuilleter ses fastes, à vous enfoncer avec son flambeau dans l'obscurité des premiers siecles? Vous auriez beau chercher, vous n'y trouveriez rien, non, rien de comparable aux grands événements qui vous occupent et vous extasient depuis un an. Des récits de batailles, écrits avec le sang; des intrigues de cour, l'humanité sacrifiée à l'orgueil et à la barbarie des puissances; tout cela peut-il entrer en balance avec l'histoire de la révolution de 1789?

Heureux! mille fois heureux *déficit* qui semblois devoir nous perdre, et qui nous a sauvés! Sans toi, nous restions esclaves et opprimés. Tu seras comblé; et nous conserverons la liberté que tu nous a donnée! Que d'immortelles actions de graces te soient donc rendues! ou plutôt, Messieurs, remontant des moyens à la cause premiere, levons nos mains reconnoissantes vers le Dieu de toute bonté, qui sait tirer le bien du mal pour l'avantage de ses enfants; qui, du fond des ténèbres, fait jaillir la lumiere, et se plaît à placer sur la montagne ceux qui gémissoient dans les abîmes.

Considérez avec moi, Chrétiens, le concert admirable de notre Constitution avec son Evangile : Égalité, Fraternité, n'est-ce pas-là ce que ne cessent de nous inculquer et les divines Ecritures et la Déclaration des Droits ? Reconnoissons donc le doigt de Dieu dans toutes ces merveilles, et que ce dernier trait assure notre attachement au nouveau régime.

Mais ne nous en tenons pas-là, Citoyens. A quoi pourroient aboutir une admiration stérile, une joie momentanée ? Nous montrerions-nous dignes des bienfaits de la Divinité, de cette Liberté qu'elle nous a rendue, si nous n'avions soin de l'affermir et de la consolider sur une base inébranlable? Nos ennemis secrets ne sont pas encore endormis; attentifs à toutes nos démarches, ils épient l'occasion de ramener le despotisme et l'aristocratie. Eh bien! prouvons-leur, en ce moment, que tous leurs efforts seroient désormais inutils. Jurons tous, devant cet Autel élevé par les mains de la Patrie, *de rester fideles à la Nation*, notre unique et véritable Souveraine; à la Nation, dont nous faisons partie; à *cette Loi* que nous avons dictée par la bouche de représentants de notre choix; *au Roi*, au meilleur des Rois, à Louis XVI, le pere, le tendre pere de tous les Français, le Restaurateur de la Liberté de ce superbe Empire. Jurons de la maintenir, jusqu'à l'effusion de notre sang, cette *Constitution*, doux présent des Cieux, qui doit assurer votre bonheur et celui de vos enfants. Jurons *de respecter*, plus que jamais, *les personnes, les propriétés, et le bien d'autrui*; et loin de penser à nous opposer à *la libre circulation des subsistances*, promettons de nous réunir contre les malveillants qui exposeroient, en l'arrêtant, leurs freres des autres Provinces, à mourir dans les horreurs de la famine. L'État seroit bientôt dissous, et les plus affreux désastres succéderoient à notre prospérité, si le cours des impositions vers le trésor public, étoit suspendu. Jurons donc aussi *d'en protéger et d'en faciliter la perception!*

Enfin, pour déjouer, à-coup-sûr, les intrigues de nos ennemis, *promettons-nous mutuellement union, fraternité, secours, assistance;* et restons bien convaincus, que ce ne pourroit être qu'à la faveur des divisions, qui s'éléveroient entre les Patriotes, que les mauvais Citoyens réussiroient à renverser leur ouvrage. Si donc il en étoit parmi vous que d'anciennes inimitiés divisassent; qu'en un si beau jour, le soleil ne se couche point sur leur colere. Voilà l'instant de la réconciliation. Dans le cours de cette Fête, amis, ennemis, riches, pauvres, citoyens de toutes les classes, embrassez-vous cordialement; et puisque, depuis le premier des Français, jusqu'au dernier, nous voilà tous freres; que rien n'empêche et n'altere entre nous une si belle union! si nous nous disputons, que ce soit à qui rendra le plus de services et témoignera le plus de déférence à son concitoyen!

Que vous dirai-je de plus, Messieurs! Vous savez, ainsi que moi, que la liberté, cette liberté précieuse, dont le bonnet qui couronne cet Autel, est l'emblême, *consiste exclusivement dans le pouvoir de faire tout ce qui ne nuit pas à autrui.* Vous vous garderez donc bien de la confondre avec cette licence qui renverse l'ordre établi, qui s'oppose à l'exécution des Lois, et qui ne vit que de brigandages.

Vous le savez, ainsi que moi, que cette égalité des droits qui vous est rendue, n'est pas cette égalité de fait qui romproit tous les liens de la subordination, qui ne voudroit reconnoître aucun supérieur, et, laquelle admise, toute société crouleroit. Tous les Français sont maintenant égaux; mais, en quel sens? C'est-à-dire, qu'ils ont droit, chacun selon ses vertus et sa capacité, aux premieres

premieres places de l'État, et que la Loi ne met entr'eux aucune distinction : mais, croire que sous prétexte d'égalité, on puisse légitimement refuser son respect et sa soumission au Magistrat qui parle au nom de la Loi, ce seroit s'abuser étrangement, et vous ne donnerez pas dans une erreur aussi grossiere ni aussi pernicieuse.

Vous savez que, si le Seigneur ne fondoit et ne protégeoit la Cité, en vain travailleroient les ouvriers qui la bâtissent, en vain veilleroient les sentinelles qui la gardent. Pénétrés de ces sentimens, et après avoir employé tous les moyens qui sont en votre pouvoir pour le maintien de la Constitution, vous reconnoîtrez que vos efforts, à cet égard, ne sont rien, si Dieu ne les bénit et ne les seconde. Vous ne cesserez donc de lui adresser des prieres ferventes pour la prospérité de l'Empire, et vous les rendrez efficaces par la sainteté de vos mœurs.

Enfin, vous n'ignorez pas qu'un serment est un acte de religion, qui consiste à prendre Dieu à témoin de ce qu'on croit, de ce

C

qu'on avance, de ce qu'on promet; et que, prêter un serment de bouche, quand le cœur n'y souscrit point, ou le violer, après qu'on l'a fait, c'est un parjure, un sacrilege dignes de la vengeance divine. Fuyez-donc de cet Autel, hypocrites et faussaires, à qui la peur ou le respect humain arracheroit un jurement que vos sentimens cachés désavoueroient! Allez grossir le nombre des mauvais Chrétiens et des mauvais Citoyens.

Mais, où m'emporte un zèle inconsidéré? Ce n'est pas dans cette assemblée, non, Messieurs, qu'on rencontreroit de ces lâches, de ces perfides. Loin de là, vous brûlez tous de vous dévouer à jamais, par un serment aussi sincere que solemnel, à la défense de la Patrie et à la protection de ses Lois. Vos fronts, rayonnants de joie et d'impatience, paroissent m'accuser d'en retarder le moment. Vous l'avez appris, que c'est à cette heure, que votre bon Roi, vos augustes Représentants, vos Députés de l'Armée et de toutes les Gardes-Nationales, se jurent et jurent à la Constitution, alliance indissoluble, inébranlable attachement. On vous l'a dit, qu'à cet instant, toutes les Communes du Royaume donnent cette même preuve de leur patriotisme, et l'empressement que vous marquez de vous fédérer avec eux, est au-dessus de toute expression. Spectacle enivrant ! admirable concorde ! harmonie délicieuse ! idée sublime, la plus belle que l'homme ait jamais pu concevoir, c'est à ces temps heureux que vous étiez réservés !

Supportez toutefois que j'ajoute encore un mot à ce discours. Et à moi aussi, Messieurs, il est venu une grande pensée. Après cette cérémonie, à l'endroit que remplit cet Autel, élevons, de concert, un monument qui conserve à jamais et retrace d'une maniere sensible, à votre postérité, la mémoire d'un si beau jour. Qu'on y lise votre serment inscrit, sur la pierre dure, en caracteres ineffaçables. Vos Gardes-Nationales y viendront aiguiser leurs épées. Vos enfants vous demanderont, comme autrefois les enfants d'Israël à leurs peres : Pourquoi les pierres dressées à cette place ? Que signifient-elles ? Et vous répondrez : Tel mois de telle année ; la France, auparavant asservie sous le joug du despotisme, a enfin brisé ses fers ; et l'année d'ensuite, à pareil jour, nous avons juré tous, sur un Autel élevé en cet endroit, de défendre, au prix de notre sang, la liberté que nous avions recouvrée, et l'excellente Constitution qu'elle a produite. Ces enfants, devenus peres eux-mêmes, le rediront à leurs enfants ; et ainsi d'âge en âge, de génération en génération, se perpétuera ici la tradition des faits si mémorables que nous admirons depuis un an. Si quelqu'ennemi du bien public osoit tenter de ramener les anciens abus, l'esclavage et la tyrannie, alors, ce monument servira de point de ralliement contre lui, et le lâche despote ne pourra passer auprès, même l'appercevoir, sans pâlir d'effroi.

FIN DU DISCOURS.

EXTRAIT
DU PROCÈS-VERBAL
DE CE QUI S'EST PASSÉ A BRISSI,

Le Dimanche 18 Juillet 1790.

Aujourd'hui, à l'issue de Vêpres, Messieurs les Officiers-Municipaux, revêtus de leurs écharpes, se sont rendus sur la Place, au milieu de deux pelotons de la Milice-Nationale.

Une Pierre avoit été disposée, dressée et affermie sur de bons fondements en maçonnerie, à l'endroit que l'Autel civique occupoit mercredi dernier. Longue de trois pieds et demi à l'extérieur, et large d'un pied dix pouces, elle porte cette Inscription, de la composition de M. le Maire, couronnée du Bonnet de la Liberté, et gravée au ciseau en Lettres Majuscules, impregnées de noir :

LE 14 DE JUILLET 1790.
ANNIVERSAIRE DE LA PRISE
DE LA BASTILLE
ET DU RECOUVREMENT
DE LA LIBERTÉ FRANÇAISE ;
TOUS LES CITOYENS DE BRISSI,
HOMMES, FEMMES ET ENFANS,
ONT JURÉ, AU PIED D'UN AUTEL
ÉLEVÉ EN CET ENDROIT,
D'ÊTRE FIDELES A LA NATION,
A LA LOI ET AU ROI,
ET DE MAINTENIR
LA CONSTITUTION.
FUYEZ D'ICI ARISTOCRATES !

Arrivés à ce Monument, Messieurs les Officiers-Municipaux et le Procureur de la Commune, qui venoit d'haranguer l'assemblée, l'ont touché, pour l'inaugurer, et la Milice l'a salué d'une décharge de mousqueterie.

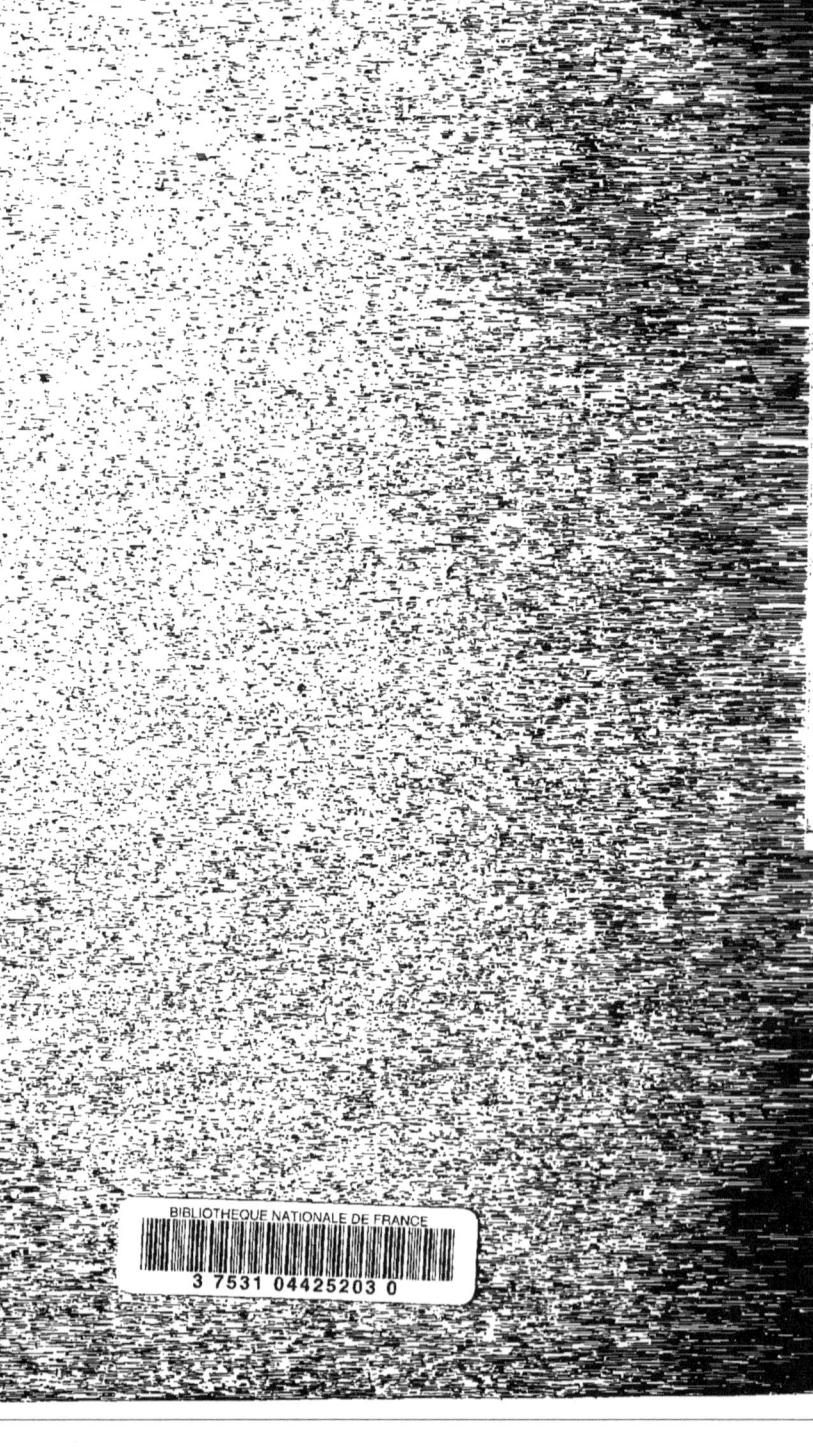

www.ingramcontent.com/pod-product-compliance
Lightning Source LLC
Chambersburg PA
CBHW060611050426
42451CB00012B/2199